Ukulele Chord Songbook

Christmas Songs

T0057916

ISBN 978-1-4768-1200-7

HAL•LEONARD® CORPORATION

7777 W. BLUEMOUND RD. P.O. BOX 13819 MILWAUKEE, WI 53213

Visit Hal Leonard Online at
www.halleonard.com

Contents

All I Want for Christmas Is My Two Front Teeth

Words and Music by
Don Gardner

Melody:

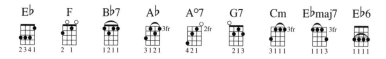

All   I   want for Christ-mas is   my   two   front   teeth,

Eb	F	Bb7	Ab	A°7	G7	Cm	Ebmaj7	Eb6
2341	2 1	1211	3121	421	213	3111	1113	1111

Chorus 1

   Eb   F
All I want for Christmas is my two front teeth,

   Bb7   Eb
My two front teeth, see my two front teeth.

             F
Gee, if I could only have my two front teeth

   Bb7   Eb
Then I could wish you, "Merry Christmas."

Verse

   Ab   A°7
It seems so long since I could say,

   Eb   Bb7   Eb   G7
"Sister Susie sitting on a thistle."

   Cm   A°7 F Bb7 N.C.
Ev'ry time I try to speak all I do is whistle. *Sssss.*

Chorus 2

E♭   F
All I want for Christmas is my two front teeth,

   B♭7   E♭
My two front teeth, see my two front teeth.

                           A♭   A°7
Gee, if I could only have my two front teeth

      E♭   B♭7   E♭maj7 E♭6 E♭
Then I could wish you, "Merry Christmas."

Bridge

A♭   A°7
   Good old Santa Claus and all his reindeer

E♭   B♭7   E♭
   They used to bring me lots of toys ___ and candy.

G7   Cm
   Gee but,   but now when I go out and call,

                         A°7
"Dancer, Prancer, Donner and Blit - zen,"

       F   B♭7   N.C.
None of them can understand ___ me. Ssssss.

Chorus 3

E♭   F
All I want for Christmas is my two front teeth,

   B♭7   E♭
My two front teeth, see my two front teeth.

                        A♭   A°7
All I want for Christmas is my two front teeth

     E♭ B♭7   E♭maj7 E♭6 N.C.
So I can wish you, "Merry Christ - mas." *Christmas, Christmas.*

                            E♭

Oh, for goodness sakes. Happy New Year!

Blue Christmas

Words and Music by
Billy Hayes and Jay Johnson

Melody:

I'll have a blue

E   A   B7   E7   F#7   Bb°7

2341   21   1211   12 3   2314   1 2

Intro
| E   A | E N.C. |

Verse 1
                        E   B7
I'll have a blue Christmas with-out you.

                                    E
I'll be so blue just thinking a - bout you.

                        E7   A
Decorations of red __ on a green Christmas tree

F#7   B7   N.C.
    Won't be the same, dear, if you're not here with me.

Verse 2
                        E   B7
And when those blue snowflakes start fallin',

                                             E
That's when those blue mem'ries start callin'.

                        E7   A   Bb°7
You'll be doin' alright __ with your Christmas of white,

            B7   E   N.C.
But I'll have a blue, blue, blue, blue Christmas.

Interlude
| E | | B7 | |
| | | E | |

Outro-Verse
                        E   E7   A   Bb°7
You'll be doin' alright __ with your Christmas of white,

            B7   E
But I'll have a blue, blue, blue, blue Christ - mas.

The Chipmunk Song

Words and Music by
Ross Bagdasarian

Christ - mas, Christ - mas time is near,...

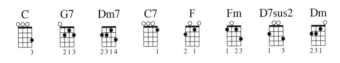

C G7 Dm7 C7 F Fm D7sus2 Dm

Verse

    C   G7
Christmas, Christmas time is near,

                   C
Time for toys and time for cheer.

Dm7   **G7**   **Dm7**   **G7**
We've been good but we can't last,

Dm7 G7   **C**
Hurry Christmas, hurry fast!

Want a plane that loops the loop;

     C7   **F**
Me, I want a hula hoop.

       Fm   **C**   **D7sus2**
We can hardly stand the wait,

      Dm   **G7**   **C**
Please, Christmas, don't be late.

Caroling, Caroling

Words by Wihla Hutson
Music by Alfred Burt

Car - ol - ing, car - ol - ing, now we go;

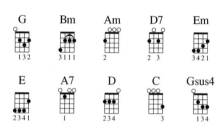

Verse 1

 G   **Bm**   **G**   **Bm**
Caroling, caroling, now we go,

 Am   **D7**   **G**   **Em**
Christmas bells are ring - ing!

 Bm   **E**   **Bm**   **E**
Caroling, caroling through the snow,

 Em   **A7**   **D**
Christmas bells are ringing!

 Am   **D**
Joyous voices sweet and clear,

 G   **Em**
Sing the sad of heart to cheer.

 C   **G**   **D7**   **G**
Ding, dong, ding, dong,

 Am   **D7**   **Gsus4 G**
Christmas bells are ring - ing!

G   Bm   G   Bm
Caroling, caroling through the town,

Am   D7   G   Em
Christmas bells are ring - ing!

Bm   E   Bm   E
Caroling, caroling up and down,

Em   A7   D
Christmas bells are ringing!

Am   D
Mark ye well the song we sing,

G   Em
Gladsome tidings now we bring.

C   G   D7   G
Ding, dong, ding, dong,

Am   D7   Gsus4 G
Christmas bells are ring - ing!

Verse 3

G   Bm   G   Bm
Caroling, caroling, near and far,

Am   D7   G   Em
Christmas bells are ring - ing!

Bm   E   Bm   E
Following, following yonder star,

Em   A7   D
Christmas bells are ringing!

Am   D
Sing we all this happy morn,

 G   Em
"Lo, the King of heav'n is born!"

C   G   D7   G
Ding, dong, ding, dong,

Am   D7   Gsus4 G
Christmas bells are ring - ing!

Christmas Auld Lang Syne

Words and Music by
Mann Curtis and Frank Military

Melody:

When mis-tle-toe ___ and ___ tin - sel glow

A7♭9 Dm7 Gm11 B°7 E7 Am7 G7 C7sus4

2 1 3 1   2 3 1 4   1 1   1 3 2 4   1 2 3   1 3   2 1 3   1 3 1 1

C7 F Gm7 F7 B♭ A7♯5 B♭6 F6

1   2 1   2 1 1   2 3 1 4   3 2 1 1   1 2   1 3 1 4   3 3 3 3

Intro   A7♭9 |Dm7 Gm11 |B°7 E7 Am7 |²₄ Dm7 G7 |⁴₄ C7sus4 C7 |

Verse 1

    F   Dm7   Gm7   C7
When mistletoe ____ and ____ tinsel glow

       F   F7   B♭ Gm7 C7
Paint a Yuletide Valen - tine

       F   Dm7 Gm7   C7
Back home I go   to those I know

A7♯5 Dm7   B♭6 Gm7 C7 F Dm7 Gm7 C7
For a Christmas   Auld Lang Syne.

Verse 2

      F   Dm7 Gm7   C7
And as we gath - er 'round the tree

     F   F7   B♭
Our voices all com - bine

Gm7 C7 F   Dm7 Gm7   C7
   In sweet accord to   thank the Lord

A7♯5 Dm7   B♭6 Gm7 C7 F Dm7 Gm7 C7
For a Christmas   Auld Lang Syne.

Verse 3

        F   Dm7 Gm7 C7
When sleigh bells ring and   choirs sing

         F   F7 B♭
And the children's fac - es   shine

Gm7 C7   F   Dm7   Gm7   C7
    With each new toy ____ we share their joy

A7♯5   Dm7   B♭6 Gm7 C7 F Dm7 Gm7 C7
    With a Christmas   Auld   Lang Syne.

Verse 4

        F   Dm7 Gm7 C7
We sing His praise this   day of days

         F   F7 B♭
And pray next year this time

Gm7 C7   F   Dm7   Gm7   C7
    We'll all be near ____ to share the cheer

A7♯5 Dm7   B♭6 Gm7 C7   F Dm7 Gm7 C7
    Of a Christmas   Auld   Lang Syne.

Verse 5

| F   Dm7 | Gm7 C7 | F   F7 |

B♭ Gm7 C7 F   Dm7 Gm7   Dm7 G7
        In   sweet accord we   thank the Lord

N.C.   Am7 Dm7 Gm7 C7   F B♭6 F B♭6 Am7 C7 F6
For our Christ - mas Auld   Lang Syne.

Christmas in Killarney

Melody:

Words and Music by
John Redmond and Frank Weldon

The hol - ly green, __ the i - vy green, __

Bb   Eb   Cm7   F7   Gm   Gm(b5)   Dm   F

C7   F7#5   Dm7   Bb7   Db°7   G7   Cm

Verse 1

      Bb
The holly green, the ivy green,
    Eb   **Bb**
The prettiest picture you've ever seen
   Eb   **Bb**
Is Christmas in Kill - arney
    Cm7   **F7**   **Bb**
With all of the folks at home.

Verse 2

     Bb
It's nice you know, to kiss your beau
    Eb   **Bb**
While cuddling under the mistletoe.
   Eb   **Bb**
And Santa Claus you know of course
   Eb   **F7**   **Bb**
Is one of the boys from home.

Bridge 1

    Gm   **Gm(b5)** **Gm** **Gm(b5)**
The door is always   open,
    Gm   **Gm(b5)** **Dm**
The neighbors pay a call.
    F   **Dm**
And Father John be - fore he's gone
    Gm   **C7**   **F7** **F7#5**
Will bless the house and all.

Verse 3

      B♭
How grand it feels to click your heels

   E♭   **B♭**
And join in the fun of the jigs and reels.

   E♭   **Cm7** **Dm7** **B♭**
I'm handing you no blarney

           B♭7   **E♭** **Cm7**
The likes you've never known

  D♭°7   **Dm7** **G7**
Is Christmas in Kill - arney

   Cm7   **F7**   **B♭**
With all of the folks at home.

Bridge 2 | **Gm** | **Dm** | **F** | **Cm** |

B♭   **Cm7**
Christmas in Killarney is wonderful to see.

   B♭   **E♭**   **C7**   **F**
So listen to my story and I'll take you back with me.

Verse 4   *Repeat Verse 1*

Verse 5   *Repeat Verse 2*

Bridge 3   *Repeat Bridge 1*

Outro-Verse

      B♭
How grand it feels to click your heels

   E♭   **B♭**
And join in the fun of the jigs and reels.

   E♭   **Cm7** **Dm7** **B♭**
I'm handing you no blarney

          B♭7   **E♭** **Cm7**
The likes you've never known

   E♭   **B♭**
Is Christmas in Kill - arney

   Cm7   **F7**   **B♭**
With all of the folks at home.

Christmas Is

Lyrics by Spence Maxwell
Music by Percy Faith

Melody:

Christ-mas is sleigh-bells,

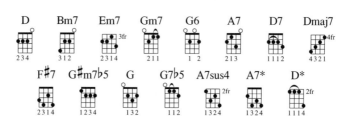

D   Bm7   Em7   Gm7   G6   A7   D7   Dmaj7

F♯7   G♯m7♭5   G   G7♭5   A7sus4   A7*   D*

Intro
| D   Bm7 | Em7   Gm7 | D   Bm7 | G6   A7 |

Verse 1
D   Bm7   G6   A7
Christmas is sleigh bells,   Christmas is sharing,

D   Bm7   G6   A7
Christmas is holly,   Christmas is caring.

Verse 2
D   Bm7   Em7   A7
Christmas is children who just can't go to sleep.

D   Bm7   Em7   D7
Christmas is mem'ries, the kind you always keep.

G6   A7   Dmaj7
Deck the halls and give a cheer

Bm7   Em7   F♯7   Bm7   G♯m7♭5
For all the things that Christmas is each year.

G   Gm7   D   Bm7
Christmas, ____ Merry Christmas,

        Em7   A7   Dmaj7
When all your wishes come true.

Verse 3

    D   **Bm7**   **Em7**   **A7**
Christmas is carols to warm you in the snow.

D   **Bm7**   **Em7**   **D7**
Christmas is bedtime where no one wants to go.

G6   **A7**   **Dmaj7**
All the world is tinsel bright

Bm7   **Em7**   **F$\sharp$7** **Bm7** **G$\sharp$m7$\flat$5**
So glad to know that Christmas is to - night.

G   **Gm7**   **D**   **Bm7**
Christmas, ___ Merry Christmas,

    Em7   **A7**   **Bm7** **G$\sharp$m7$\flat$5**
When all your wishes come true.

Em7   **G7$\flat$5**   **D**   **Bm7**
Christmas, ___ Merry Christmas,

    A7sus4 **A7***   **D***
May all your wishes come true.

The Christmas Song
(Chestnuts Roasting on an Open Fire)

Music and Lyric by
Mel Torme and Robert Wells

Chest-nuts roast-ing on an o-pen fire,...

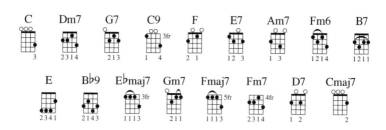

Verse

```
       C       Dm7          C         G7
Chestnuts roasting on an open fire,

 C       C9            F       E7
Jack Frost nipping at your nose,

Am7   Fm6        C        B7
Yuletide carols being sung by a choir,

       E            Bb9          Ebmaj7
And folks dressed up like Eski - mos.

G7      C       Dm7            C        G7
Ev'rybody knows a turkey and some mistletoe

 C       C9            F       E7
Help to make the season bright.

Am7 Fm6          C        B7
Tiny   tots with their eyes all a - glow

       Dm7        G7       C
Will find it hard to sleep to - night.
```

Bridge

              Gm7 C9   **F**
They know that San - ta's on his way;

Dm7   **Gm7**   **C9**   **Fmaj7**
He's loaded lots of toys and goodies on his sleigh,

        Fm7   **B♭9**   **E♭maj7**
And every mother's child __ is gonna spy

        Am7   **D7**   **Dm7 G7**
To see if reindeer really know how to fly.

Outro

       C   **Dm7**   **C**   **G7**
And so I'm offering this simple phrase

   C   **C9**   **F**   **E7**
To kids from one to ninety - two.

   Am7   **Fm6**   **C**   **B7**
Al - though it's been said many times, many ways,

     C   **G7** **C** **Cmaj7**
"Merry Christmas   to you."

The Christmas Waltz

Words by Sammy Cahn
Music by Jule Styne

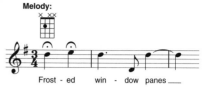

Melody:

Frost - ed   win - dow   panes ___

G   E7   Am7   D7   Gmaj7   Em7   A7   Dm6

Verse

      G   **E7**
Frosted window panes,
      Am7   **D7**
Candles gleaming in - side,
      G   **E7**   **Am7**
Painted candy canes __ on the tree;
D7   **G**
    Santa's on his way,
    Am7 **D7**   **Gmaj7** **Em7**
He's filled his sleigh with things,
      A7   **D7**
Things for you and for me.
      G   **E7**
It's that time of year
      Am7   **D7**
When the world falls in love.
    G   **E7**   **Am7** **D7**
Ev'ry song you hear __ seems to say:
    G
"Merry Christmas,
    Am7 **D7**   **Dm6** **E7**
May your New Year dreams come true."
    A7   **D7**
And this song of mine,
    G   **E7**
In three-quarter time,
    A7
Wishes you and yours
D7   **G** **Am7** **D7** **G**
    The same thing too.

Feliz Navidad

Music and Lyrics by
Jose Feliciano

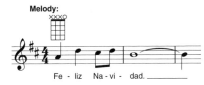

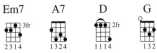

Em7   A7   D   G

2 3 1 4   1 3 2 4   1 1 1 4   1 3 2

Chorus 1

               Em7 **A7**
Feliz Navi - dad.
               D
Feliz Navi - dad.
               Em7
Feliz Navi - dad.
          A7   **D**
Prospero año y felici - dad.

Chorus 2   *Repeat Chorus 1*

Verse

                        G
I want to wish you a Merry Christmas,
A7   **D**
    With lots of presents to make you happy.
                        G
I want to wish you a Merry Christmas
           A7   **D**   **G**
From the bottom of my heart.
D   **G**
    I want to wish you a Merry Christmas,
A7   **D**
    With mistletoe and lots of cheer,
                   G
With lots of laughter through - out the years,
         A7   **D**   **G** **D**
From the bottom of my heart.

Chorus 3   *Repeat Chorus 1*

Chorus 4   *Repeat Chorus 1*

Do They Know It's Christmas?

(Feed the World)

Words and Music by
Bob Geldof and Midge Ure

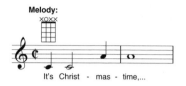

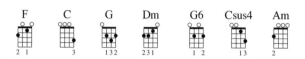

Verse

          F
It's Christmas - time,

                C
There's no need to be afraid.

          F
At Christmas - time,

    G   **C**
We let in light and we banish shade.

           F   **G**
And in our world __ of plen - ty,

      C   **F**
We can spread a smile of joy.

        Dm   **G6**   **C**
Throw your arms __ around the world __ at Christmastime,

      F   **G**
But say a prayer,

            C   **F**
To pray for the other ones at Christmas - time.

    G   **C**
It's hard, but when you're having fun

      F   **G**
There's a world outside your win - dow,

      C   **F**
And it's a world of dread and fear

<pre>
         Dm   G
Where the only water flowing

       C   F
Is the bitter sting of tears.

       Dm   G
And the Christmas bells that ring __ there

       C   F
Are the clanging chimes of doom.

         Dm   G   C   Csus4 C
Well, to - night, thank God it's them __ instead of you.

        F   G   C
And there won't be snow in Af - rica this Christ - mastime,

     F   G   C
The greatest gift they'll get this year is life.

     Dm C   F   G   C   F
Oh, __   where nothing ever grows, __ no rain or rivers flow,

Dm   F   C   F   C
Do they know it's Christmastime at all?

Am   G
Here's to you, raise a glass for ev'ryone;

Am   G
Here's to them, under - neath that burning sun.

F   C   F C F C Dm
Do they know it's Christmastime at all?
</pre>

<pre>
           C   F   C   F   C   Dm
Outro   ‖: Feed the world.

         C   F   C
Feed the world.

         F   Am   Dm   C
Let them know it's Christmastime a - gain.

         F   Am   Dm
Let them know it's Christmastime a... :‖   Repeat and fade
</pre>

Do You Hear What I Hear

Words and Music by
Noel Regney and Gloria Shayne

Intro

| C   Gm7 | C | Gm7 | C | |

Verse 1

            C   Gm7 C
Said the night wind to the little lamb,

"Do you see what I see?
                  Gm7 C
Way up in the sky, little lamb,

Do you see what I see?
  Am   Em
A star, a star, dancing in the night,
           F   G F   E   Am
With a tail as big as a kite,
G   F C Dm7 G   C   Gm7 C
With a tail as big   as a kite."

Verse 2

            C   Gm7   C
Said the little lamb to the shepherd boy,

"Do you hear what I hear?
                   Gm7   C
Ringing through the sky, shepherd boy,

Do you hear what I hear?
  Am   Em
A song, a song, high above the tree,
          F   G F   E   Am
With a voice as big as the sea,
G   F   C Dm7 G   C
With a voice as big   as the sea."

Verse 3

          C   Gm7 C
Said the shepherd boy to the mighty king,

"Do you know what I know?

             Gm7 C
In your palace warm, mighty king,

Do you know what I know?

 Am   Em
A Child, a Child shivers in the cold;

     F   G F   E   Am
Let us bring Him sil - ver and gold,

G   F   C   Dm7 G   C
Let us bring Him sil - ver and gold."

Verse 4

          C   Gm7 C
Said the king to the people ev'ry - where,

"Listen to what I say!

           Gm7 C
Pray for peace, people ev'ry - where,

Listen to what I say!

 Am   Em
The Child, the Child, sleeping in the night,

     F   G   F   E   Am
He will bring us good - ness and light,

G   F   C Dm7 G7   C   Gm7 C   Gm7 C
He will bring us good - ness and light."

Frosty the Snow Man

Words and Music by
Steve Nelson and Jack Rollins

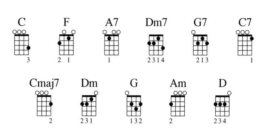

Verse 1

     C
Frosty the snow man

       F   **C**
Was a jolly, happy soul,

       F   **C**   **A7**
With a corncob pipe and a button nose

     Dm7   **G7**   **C**   **G7**
And two eyes made out of coal.

     C
Frosty the snow man

       F   **C**
Is a fairy tale they say.

       F   **C**   **A7**
He was made of snow but the children know

     Dm7 **G7**   **C**   **C7**
How he came to life one day.

Bridge 1

      F   Cmaj7
There must have been some magic

      Dm   G7   C
In that old silk hat they found,

      G
For when they placed it on his head,

      Am   D   G
He be - gan to dance a - round.

Verse 2

G7 C
Oh, Frosty the snow man

      F   C
Was a - live as he could be,

      F   C   A7
And the children say he could laugh and play

      Dm7   G7   C   G7
Just the same as you and me.

Verse 3

C
Frosty the snowman

      F   C
Knew the sun was hot that day,

      F   C   A7
So he said, "Let's run and we'll have some fun

      Dm7 G7   C   G7
Now be - fore I melt a - way."

C
Down to the village

      F   C
With a broomstick in his hand,

      F   C   A7
Running here and there all a - round the square,

      Dm7   G7 C   C7
Sayin', "Catch me if you can."

Bridge 2	**F** **Cmaj7** He led them down the streets of town

    F   **Cmaj7**
He led them down the streets of town

    Dm **G7**   **C**
Right to the traffic cop.

    G
And he only paused a moment when

    Am   **D**   **G**
He heard him holler "Stop!"

Verse 4

G7 C
For Frosty the snowman

    F   **C**
Had to hurry on his way,

    F   **C**   **A7**
But he waved goodbye, sayin', "Don't you cry,

    Dm7   **G7**   **C**   **G7**
I'll be back a - gain some day."

Outro

C
Thumpety thump thump,

Thumpety thump thump,

    G7
Look at Frosty go.

Thumpety thump thump,

Thumpety thump thump,

    C
Over the hills of snow.

Happy Holiday
from the Motion Picture
Irving Berlin's HOLIDAY INN

Words and Music by
Irving Berlin

D6   Em7   A7   D   Bm7   E7   A   F#m7

Verse 1

       D6   Em7   A7
Happy holiday, happy holiday.
                D
While the merry bells keep ringing,
Bm7   Em7   A7   D
May your ev'ry wish   come true.
       D6   Em7   A7
Happy holiday, happy holiday.
               D
May the calendar keep bringing
Bm7 Em7   A   D   E7
Happy holidays   to you.

Verse 2

       A   Bm7   E7
Happy holiday, happy holiday.
                A   F#m7
While the merry bells keep ringing,
    Bm7   E7   A
May your ev'ry wish   come true.
          Bm7   E7
Happy holiday, happy holiday.
             A   F#m7
May the calendar keep bringing
   Bm7   E7 A
Happy holidays   to you.

Grandma Got Run Over by a Reindeer

Words and Music by
Randy Brooks

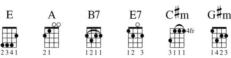

Grand-ma got run o - ver by a rein-deer...

E   A   B7   E7   C#m   G#m

Chorus 1

    E
Grandma got run over by a reindeer

                                  A
Walking home from our house Christmas Eve.

                           E
You can say there's no such thing as Santa,

  B7   **E**
But as for me and Grandpa, we be - lieve.

Verse 1

    E   **B7**
    She'd been drinkin' too much eggnog

                E
And we begged her not to go,

E7   **A**
    But she forgot her medi - cation,

    B7   **E**
And she staggered out the door into the snow.

C#m   **G#m**
    When we found her Christmas morning

B7   **E**
    At the scene of the at - tack,

E7   **A**
    She had hoofprints on her forehead

    B7   **E**
And in - criminating Claus marks on her back.

Chorus 2   *Repeat Chorus 1*

Verse 2

E   B7
    Now we're all so proud of Grandpa,

                   E
He's been taking this so well.

E7   A
    See him in there watching football,

      B7   E
Drinking beer and playing cards with Cousin Mel.

C#m   G#m
    It's not Christmas without Grandma.

B7   E
    All the family's dressed in black,

E7   A
    And we just can't help but wonder:

          B7   E
Should we open up her gifts or send them back?

Chorus 3   *Repeat Chorus 1*

Verse 3

E   B7
    Now the goose is on the table,

                   E
And the pudding made of pig,

E7   A
    And the blue and silver candles

      B7   E
That would just have matched the hair in Grandma's wig.

C#m   G#m
    I've warned all my friends and neighbors,

B7   E
    Better watch out for your - selves.

E7   A
    They should never give a license

      B7   E
To a man who drives a sleigh and plays with elves.

Chorus 4   *Repeat Chorus 1*

Grown-Up Christmas List

Words and Music by
David Foster and Linda Thompson-Jenner

Do you re-mem - ber me?

Bb   F   Gm   Dm7   Eb   Cm7   F7sus4   F7   Fsus4

G   Bm7   Em   Cadd9   Am   D7   Am7   C#m7b5   F#7#5

B7   C   Dsus4   D   G7sus4   Dm   A7   F#sus4   F#

B   G#m   D#m7   E   C#m7   Ab   Fm   Dbmaj7   Bbm7

Fm7   Db   Dbadd9   Dm7b5   G7b9   Db7#11   Eb7sus4

Intro

        Bb   **F**   **Gm**
Do you remem - ber me?

        Dm7   **Eb**
I sat upon __ your knee.

        Bb   **Cm7**   **F7sus4 F7**
I wrote to you   with child - hood fanta - sies.

Verse 1

    B♭   **F** **Gm**
Well, I'm all grown - up now

         Dm7   **E♭**
And still need help some - how.

           B♭   **Cm7**   **Fsus4** **F**
I'm not a child __ but my heart still can dream.

  B♭   **F**   **Gm**
So here's my lifelong wish,

         Dm7   **E♭**
My grown-up Christmas list,

        B♭   **Cm7**   **F7sus4** **F7**
Not for myself, __ but for a world in need.

Chorus 1

G   **Bm7** **Em**   **Cadd9**
No more lives   torn apart,

   Am   **Cadd9** **Bm7**
And wars would nev - er start,

   Em   **Cadd9**   **D7**
And time would heal all hearts.

G   **Bm7**   **Em**   **Cadd9**
   And ev'ry - one would have __ a friend,

   Am7   **Cadd9**   **Bm7**
And right would al - ways win,

   Em   **C#m7♭5**   **F#7#5**
And love would never end.

Bm7   **Em**   **Am7**   **D7** **G**   **B7**
   This is my grown - up Christ - mas list.

|**Em**   **C** **Am7**|**Dsus4**   **D** |

Verse 2

    B♭   **F** **Gm**
As children we __ be - lieved

       Dm7 **E♭**
The grandest sight to see

        B♭ **Cm7**   **Fsus4** **F**
Was something love - ly wrapped beneath our tree.

     B♭ **F** **Gm**
Well, heaven surely knows

      Dm7 **E♭**
That packag - es and bows

        B♭ **Cm7**   **F7sus4** **F7**
Can never heal __ a hurting human soul.

Chorus 2

    G   **Bm7** **Em**   **Cadd9**
No more lives torn apart,

     Am   **Cadd9** **Bm7**
And wars would nev - er start,

     Em   **Cadd9** **D7**
And time would heal all hearts.

    G   **Bm7**   **Em** **Cadd9**
  And ev'ry - one would have __ a friend,

     Am7   **Cadd9** **Bm7**
And right would al - ways win,

     Em   **C♯m7♭5** **F♯7♯5**
And love would never end.

Bm7 **Em**   **Am7**   **D7** **G**
  This is my grown - up Christ - mas list.

Verse 3

G7sus4
What is this illusion called?

Dm
The innocence of youth.

   Em   A7
Maybe only in our blind belief

D   F#sus4 F#
Can we ever find the truth.

Interlude

| B F# G#m | D#m7 E | |
| B C#m7 | F#sus4   F# | |

Chorus 3

A♭   Cm7 Fm   D♭maj7
No more lives torn apart

   B♭m7   B♭m7 Cm7
And wars would nev - er   start

   Fm7   Fm D♭   D♭add9
And time would heal ___ all hearts.

A♭   Cm7   Fm   D♭
And ev'ry - one would have ___ a friend

   B♭m7   B♭m7 Cm7
And right would al - ways win

   Fm   Fm Dm7♭5 G7♭9 D♭7#11
And love would nev - er end,   oh.

Cm7   Fm7   B♭m7   E♭7sus4 Cm7
This is ___ my grown - up Christ - was   wish.

Fm7   Dm7♭5 D♭7#11 Cm7
This is my only   lifelong wish.

Fm7   B♭m7   E♭7sus4 A♭
This is my grown-up Christ - mas list.

Happy Xmas
(War Is Over)

Words and Music by
John Lennon and Yoko Ono

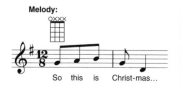

So   this   is   Christ-mas...

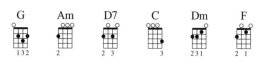

1 3 2   2   2 3   3   2 3 1   2 1

Verse 1

               G
So this is Xmas

                      Am
And what have you done?

                   D7   **Am**
Another year over,

            D7   **G**
And a new one just be - gun;

               C
And so this is Xmas,

               Dm
I hope you have fun,

               G
The near and the dear ones,

               C
The old and the young.

Chorus 1	**F** A merry, merry Xmas

Chorus 1

     F
A merry, merry Xmas

      G
And a happy New Year.

        Dm   **F**
Let's hope it's a good one

       C   **D7**
Without any fear.

Verse 2

      G
And so this is Xmas

         Am
For weak and for strong,

        D7   **Am**
The rich and the poor ones,

    D7   **G**
The road is so long.

        C
And so, happy Xmas

        Dm
For black and for white,

        G
For the yellow and red ones,

      C
Let's stop all the fights.

Chorus 2

Repeat Chorus 1

Verse 3	**G** And so this is Xmas
	Am And what have we done?
	D7 **Am** Another year over,
	D7 **G** And a new one just be - gun;
	C And so this is Xmas,
	Dm We hope you have fun,
	G The near and the dear ones,
	C The old and the young.

Chorus 3   *Repeat Chorus 1*

Outro

G   **Am**
War is over if you want it;

D7   **Am D7 G**   **D7**   **Am**   **G**
War is o - ver now.

Hard Candy Christmas

from THE BEST LITTLE WHOREHOUSE IN TEXAS

Words and Music by
Carol Hall

Hey,   may-be I'll   dye   my   hair, —

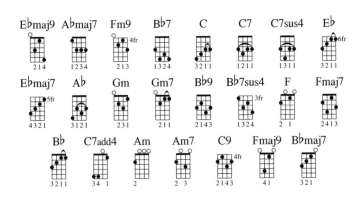

Intro

Ebmaj9	Abmaj7	Ebmaj9	Abmaj7	
Fm9	Bb7	C	Fm9 Bb7	

Verse 1

E♭maj9   A♭maj7
Hey, maybe I'll dye my hair,

E♭maj7   A♭ma7
  Maybe I'll move somewhere.

       Fm9   B♭7
Maybe I'll get a car, maybe I'll drive so far

          C7
They'll all lose track.

Fm9 B♭7   E♭maj9
Me, I'll bounce right back.

      A♭maj7
Maybe I'll sleep real late,

E♭maj9   A♭maj7
  Maybe I'll lose some weight.

      Fm9
Maybe I'll clear the junk,

     B♭7   C7sus4 C7
Maybe I'll just get drunk on apple wine.

Chorus 1

Fm9 B♭7   E♭ E♭maj7   A♭
Me, I'll be just fine _____ and dan - dy.

          B♭7   E♭
Lord, it's like a   hard candy Christmas.

          Gm   Gm7   A♭
I'm barely getting through ___ tomor - row,

          B♭9   B♭7sus4   E♭
Still I won't let   sorrow bring me way down.

Chorus 2

B♭   E♭ E♭maj7   A♭
I'll be fine _____ and dan - dy.

          B♭7   E♭
Lord, it's like a   hard candy Christmas.

          Gm   Gm7   A♭
I'm barely getting through ___ tomor - row,

          B♭9   B♭7sus4   E♭maj9 A♭maj7
Still I won't let   sorrow bring me way down.

Interlude		Ebmaj9	Abmaj7	Fm9		
		Bb7	C	Fm9 Bb7		

Verse 2

Ebmaj9   Abmaj7
Hey, maybe I'll learn to sew,

Ebmaj9   Abmaj7
  Maybe I'll just lie low.

       Fm9
Maybe I'll hit the bars,

       Bb7   C7
Maybe I'll count the stars until the dawn.

Fm9 Bb7   Ebmaj9
Me, I will go on.

         Abmaj7   Ebmaj9   Abmaj7
Maybe I'll settle down,   maybe I'll just leave town.

       Fm9
Maybe I'll have some fun,

       Bb7   C7sus4 C7
Maybe I'll meet someone and make 'em mine.

Chorus 3   *Repeat Chorus 1*

Outro

C   F   Fmaj7   Bb
I'll be   fine ___ and dan - dy.

          C7add4   F
Lord, it's like a   hard candy Christmas.

           Am   Am7   Bb
I'm barely getting through ___ tomor - row,

          C9   C7sus4   Fmaj9
Still, I won't let   sorrow bring me way down.

Bbmaj7 Fmaj9
  I'll be fine.

Bbmaj7 Fmaj9 Bbmaj7 Fmaj7
  I'll be fine.

Have Yourself a Merry Little Christmas

Words and Music by
Hugh Martin and Ralph Blane

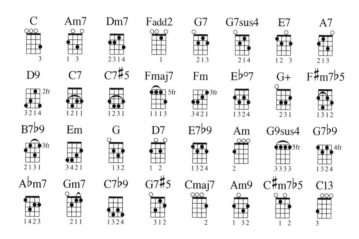

Verse 1

    C   **Am7**
Have your - self

      Dm7   **Fadd2 G7**
A merry little Christ - mas,

    C   **Am7**   **G7sus4 G7**
Let your heart be light.

    C   **Am7 Dm7**
From now on our troubles will be

    G7   **E7 A7 D9 G7**
Out of sight.

Verse 2

C   Am7
Have your - self

  Dm7   Fadd2 G7
A merry little Christ - mas,

C   Am   G7sus4 G7
Make the Yuletide gay.

C   Am7
From now on

  Dm7   E7   Am7 C7 C7$\sharp$5
Our troubles will be miles a - way.

Bridge 1

Fmaj7 Fm   C
Here we are as in olden days,

E$\flat$°7 Dm7   Fadd2 G+ C Am7
  Happy golden days _____ of yore.

F$\sharp$m7$\flat$5 B7$\flat$9   Em
Faithful   friends who are dear to us

A7   G   Am7 D7 G7sus4 G7
  Gather near to us _____ once more.

Verse 3

C   Am7
Through the years

  Dm7   Fadd2 G7
We all will be to - geth - er,

C   G7sus4 G7
If the fates al - low.

C   Am7 Dm7
Hang a shining star

       E7$\flat$9 E7 Am C7
Upon the high - est bough,

C7$\sharp$5 Fmaj7   Am
And   have your - self

  Dm7   G9sus4 G7$\flat$9 C   Am7 A$\flat$m7 Gm7 C7$\flat$9
A merry little Christ - mas now.

Bridge 2

Fmaj7 Fm   C
Here we are as in olden days,

Eb°7   Dm7   G7sus4 G7#5 Cmaj7 Am9
  Happy golden days _____ of   yore.

F#m7b5 B7b9   Em
Faithful   friends who are dear to us

C#m7b5 G   Am7 D7   G7sus4 G7
  Gather near to us _____ once more.

Outro-Verse

C   Am7
Through the years

   Dm7   Fadd2   G7
We all will be to - geth - er,

C   Am7   G7sus4 G7
If the fates al - low.

C   Am7   Dm7
Hang a shining star

      E7b9   Am7   C13
Upon the highest bough,

C7#5 Fmaj7   Am7
And   have your - self

   Dm7   G9sus4 G7b9 C G9sus4 Cmaj7
A merry little Christ - mas   now.

Here Comes Santa Claus (Right Down Santa Claus Lane)

Words and Music by
Gene Autry and Oakley Haldeman

Here comes San - ta Claus!

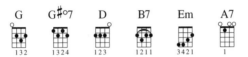

Intro ‖: G G#°7 │D B7 │Em A7 │D :‖

Verse 1
    D
Here comes Santa Claus! Here comes Santa Claus!

A7
Right down Santa Claus Lane!

Vixen and Blitzen and all his reindeer
    D
Are pulling on the rein.
G   **G#°7** **D**   **B7**
Bells are ringing, children singing,
Em A7   **D**
All is merry and bright.
G   **G#°7**   **D**   **B7**
Hang your stockings and say your pray'rs,
      Em   **A7**   **D**
'Cause Santa Claus comes to - night.

Verse 2

D
Here comes Santa Claus! Here comes Santa Claus!

A7
Right down Santa Claus Lane!

He's got a bag that is filled with toys

    D
For the boys and girls again.

G   **G#°7**   **D**   **B7**
Hear those sleigh bells jingle, jangle,

Em   **A7**   **D**
What a beautiful sight.

G   **G#°7**   **D**   **B7**
Jump in bed, cover up your head,

Em   **A7**   **D**
Santa Claus comes to - night.

Verse 3

D
Here comes Santa Claus! Here comes Santa Claus!

A7
Right down Santa Claus Lane!

He doesn't care if you're rich or poor,

    D
For he loves you just the same.

G **G#°7**   **D**   **B7**
Santa knows that we're God's children,

Em   **A7**   **D**
That makes ev'rything right.

G   **G#°7**   **D**   **B7**
Fill your hearts with a Christmas cheer,

    Em   **A7**   **D**
'Cause Santa Claus comes to - night.

Verse 4

D
Here comes Santa Claus! Here comes Santa Claus!

A7
Right down Santa Claus Lane!

He'll come around when the chimes ring out,

     D
Then it's Christmas morn again.

G   **G#°7**   **D**   **B7**
Peace on earth will come to all

    Em   **A7**   **D**
If we just fol - low the light.

G   **G#°7**   **D**   **B7**
Let's give thanks to the Lord a - bove,

Em   **A7**   **D6**
Santa Claus comes to - night.

A Holly Jolly Christmas

Music and Lyrics by
Johnny Marks

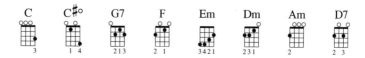

Have a   hol - ly   jol - ly   Christ-mas,...

C	C#°	G7	F	Em	Dm	Am	D7

Verse 1

        C
Have a holly jolly Christmas,

       C#° G7
It's the best time of the year.

         C#°
I don't know if there'll be snow

G7   **C**   **G7**
But have a cup of cheer.

Verse 2

        C
Have a holly jolly Christmas,

       C#°   **G7**
And when you walk down the street,

        C#°
Say hello to friends you know

G7   **C**
And ev'ryone you meet.

Bridge 1

F   Em
Oh, ho, the mistletoe

F   C
Hung where you can see,

Dm   Am
Somebody waits for you,

D7   G7
Kiss her once for me.

Verse 3

         C
Have a holly jolly Christmas,

       C#° G7
And in case you didn't hear,

          C
Oh, by golly, have a holly jolly

D7   G7 C
Christmas this year.

Verse 4   *Repeat Verse 1*

Verse 5   *Repeat Verse 2*

Bridge 2   *Repeat Bridge 1*

Verse 6   *Repeat Verse 3*

(There's No Place Like) Home for the Holidays

Words and Music by
Al Stillman and Robert Allen

Oh, there's   no   place like   home...

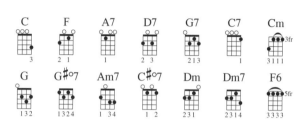

Chorus 1

           C   F   C
Oh, there's no place like home for the holidays,

                 A7   D7   G7
'Cause no matter how far away you roam,

         C   F   C
When you pine for the sunshine of a friendly gaze,

     G7   C F C
For the holidays you can't beat home, sweet home.

Verse 1

             F
I met a man who lives in Tennessee, and he was headin'

C   G7   C
For Pennsyl - vania and some homemade pumpkin pie.

C7   F
   From Pennsyl - vania folks are trav'lin'

                  C
Down to Dixie's sunny shore;

Cm   G   G#°7 Am7 D7
From At - lantic to Pa - ci - fic, gee,

   G7   C#°7 Dm
The traffic is ter - rific!

Chorus 2

G7   C   F   C
Oh, there's no place like home for the holidays,

G7   C   A7   D7   G7
'Cause no matter how far away you roam,

      C   F   C
If you want to be happy in a million ways,

      G7 Dm7 G7   C   G7
For the holi - days you can't beat home, sweet home.

Chorus 3

Repeat Chorus 1

Verse 2

            F
A home that knows your joy and laughter filled

             C
With mem'ries by the score

  G7   C
Is a home you're glad to welcome with your heart.

C7   F
  From Cali - fornia to New England

             C
Down to Dixie's sunny shore;

Cm   G   G♯°7 Am7 D7
From At - lantic to Pa - cific, gee,

  G7   C♯°7 Dm
The traffic is ter - rific!

Chorus 4

G7   C   F   C
Oh, there's no place like home for the holidays,

G7   C   A7   D7   G7
'Cause no matter how far away you roam,

      C   F   C
If you want to be happy in a million ways,

      G7 Dm7 G7   Dm7 G7 C   F6   C
For the holi - days you can't beat home, sweet home.

I Heard the Bells on Christmas Day

Words by Henry Wadsworth Longfellow
Adapted by Johnny Marks
Music by Johnny Marks

G   C   D7   Em   F#   Bm   Am   E7

Verse 1

     G   C   D7
I heard the bells on Christmas day,

       Em   F#   Bm
Their old familiar carols play,

       Am   D7   Bm   E7
And mild and sweet the words re - peat,

       Am   E7   Em D7
Of peace on earth, good will to men.

Verse 2

     G   C   D7
I thought how as the day had come,

       Em   F#   Bm
The belfries of all Christen - dom

       Am   D7   Bm   E7
Had rolled a - long th'un - broken song

       Am   E7   D7   G
Of peace on earth, good will to men.

Verse 3

```
        G       C      D7
And in despair I bowed my head:
        Em          F♯    Bm
"There is no peace on earth,"I said,
        Am    D7      Bm       E7
"For hate is strong, and mocks the song
        Am      E7      Em    D7
Of peace on earth, good will to men."
```

Verse 4

```
        G                  C     D7
Then pealed the bells more loud and deep:
        Em           F♯    Bm
"God is not dead, nor doth He sleep;
        Am       D7     Bm       E7
The wrong shall fail, the right pre - vail,
        Am      E7        D7   G
With peace on earth, good will to men."
```

Verse 5

```
        G         C     D7
Till ringing, singing on its way,
        Em                  F♯    Bm
The world revolved from night to day,
        Am    D7      Bm         E7
A voice, a chime, a chant sub - lime,
        Am      E7        D7   G
Of peace on earth, good will to men!
```

I Saw Mommy Kissing Santa Claus

Words and Music by
Tommie Connor

Melody:

I saw Mom-my kiss-ing...

C   Em   Am   G7   D7   F   A7   Dm   B7

Verse 1

   C   Em Am
I saw Mommy kissing Santa Claus

   C   G7
Underneath the mistletoe last night.

She didn't see me creep

        C
Down the stairs to have a peep,

    D7   G7
She thought that I was tucked up in my bedroom fast asleep.

       C   Em Am
Then I saw Mommy tickle Santa Claus,

   C   F   A7   Dm
Underneath his beard so snowy white.

       F   B7
Oh, what a laugh it would have been

   C   A7 Dm
If Daddy had only seen

G7   C   F   G7 C   G7
Mommy kissing Santa Claus last night.

Verse 2

```
             C                    Em   Am
             I saw Mommy kissing Santa Claus

             C                         G7
             Underneath the mistletoe last night.


             She didn't see me creep

                     C
             Down the stairs to have a peep,

               D7                         G7
             She thought that I was tucked up in my bedroom fast asleep.

                 C                    Em   Am
             Then I saw Mommy tickle Santa Claus,

             C                         F      A7      Dm
             Underneath his beard so snowy white.

                     F              B7
             Oh, what a laugh it would have been

               C        A7  Dm
             If Daddy had only seen

             G7     C        F    G7  C
             Mommy kissing Santa Claus last night.
```

I'll Be Home for Christmas

Words and Music by
Kim Gannon and Walter Kent

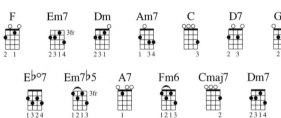

Intro

     F   **Em7**   **Dm**   **Am7**
I'm dreaming to - night of a place I love,
    Dm   **C**
Even more than I usually do.
     F   **Em7**   **Dm**   **Am7**
And although I know it's a long road back,
D7   **G7**
   I promise you

Verse 1

    C **Eb°7**   **Dm**   **G7**   **Dm** **G7**
I'll be home for Christ - mas,
Em7b5 A7   **Dm**   **G7**
You can count on me.
Fm6   **G7**   **Cmaj7 Am7**
Please have snow and mistle - toe
    D7   **Dm7** **G7**
And presents on the tree.
C   **Eb°7**   **Dm7 G7** **Dm** **G7**
Christmas Eve will find   me
Em7b5   **A7**   **Dm**
Where the lovelight gleams,
F   **Fm6**   **Em7b5 A7**
I'll be home for Christ - mas
   Dm G7   **C**   **Dm**   **G7**
If only in my dreams.

Verse 2

C   E♭°7   Dm   G7 Dm G7
I'll be home for Christ - mas,

Em7♭5 A7   Dm   G7
You can count on me.

Fm6   G7   Cmaj7 Am7
Please have snow and mistle - toe

   D7   Dm7 G7
And presents on the tree.

C   E♭°7   Dm7 G7 Dm G7
Christmas Eve will find me

Em7♭5   A7   Dm
Where the lovelight gleams,

F   Fm6   Em7♭5 A7
I'll be home for Christ - mas

  Dm G7   C
If only in my dreams.

Jingle Bell Rock

Words and Music by
Joe Beal and Jim Boothe

Melody:

Jin - gle - bell,   jin - gle - bell,   jin - gle - bell   rock,...

C	Cmaj7	C#°7	Dm	G7	G7#5
3	2	1 2	2 3 1	2 1 3	3 1 2

D7	C7	F	F#°7	A7	Fm
2 3	1	2 1	1 3 2 4	1	1 2 4

Verse 1

      C   **Cmaj7**   **C**
Jingle-bell, jingle-bell, jingle-bell rock,

           C#°7   **Dm**   **G7**
Jingle-bell swing and jingle-bells ring.

Dm   **G7**   **Dm**   **G7**
Snowin' and blowin' up bushels of fun,

Dm   **G7#5**
   Now the jingle hop has begun.

Verse 2

      C   **Cmaj7**   **C**
Jingle-bell, jingle-bell, jingle-bell rock,

           C#°7   **Dm**   **G7**
Jingle bells chime in jingle-bell time.

Dm   **G7**   **Dm**   **G7**
Dancin' and prancin' in Jingle Bell Square

D7   **G7**   **C**   **C7**
In the frosty air.

Bridge

         F   **F$\sharp$°7**
What a bright time, it's the right time,

    C
To rock the night away.

     D7
Jingle-bell time is a swell time

G7
    To go glidin' in a one-horse sleigh.

Verse 3

C   **Cmaj7**   **C**
Giddy-ap, jingle horse pick up your feet,

              A7
Jingle around the clock.

F   **Fm**
Mix and mingle in a jinglin' beat,

D7   **G**
    That's the jingle-bell,

D7   **G7**   **C**
    That's the jingle-bell rock.

Let It Snow! Let It Snow! Let It Snow!

Words by Sammy Cahn
Music by Jule Styne

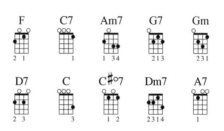

Verse 1

         F   **C7**   **F**
Oh, the weather out - side is frightful,

     Am7 G7   **C7**
But the fire is so de - lightful,

      Gm   **D7**   **Gm**
And since we've no place to go,

      C7   **F**
Let it snow! Let it snow! Let it snow!

Verse 2

         F   **C7**   **F**
It doesn't show signs of stopping,

     Am7   **G7**   **C7**
And I brought some corn for popping,

      Gm   **D7**   **Gm**
The lights are turned way down low,

     C7   **F**
Let it snow! Let it snow! Let it snow!

Bridge

          C   **C♯°7**
When we finally kiss goodnight,

        Dm7   **G7**   **C**
How I'll hate going out in the storm.

                         A7
But if you'll really hold me tight,

D7   **G7**   **C7**
All the way home I'll be warm.

Verse 3

       F   **C7**   **F**
The fire is slowly dying

        Am7   **G7**   **C7**
And, my dear, we're still good - bye-ing,

      Gm   **D7**   **Gm**
But as long as you love me so,

      C7   **F**
Let it snow! Let it snow! Let it snow!

The Little Drummer Boy

Words and Music by Harry Simeone,
Henry Onorati and Katherine Davis

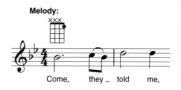

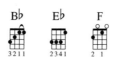

Verse 1

    Bb   Eb   Bb
Come, they told me, pa, rum, pum, pum, pum.

                        Eb   Bb
A newborn King to see pa, rum, pum, pum, pum.

Bb   Eb   Eb
F   Bb   Eb
Our finest gifts we bring, pa, rum, pum, pum, pum,

              Bb   F
Rum, pum, pum, pum, rum, pum, pum, pum.

Verse 2

```
         Bb          Eb            Bb
Little baby, pa, rum, pum, pum, pum.

                       Eb          Bb
I am a poor boy, too, pa, rum, pum, pum, pum.

   F
   I have no gift to bring, pa, rum, pum, pum, pum,

         Bb              Eb
That's fit to give our King, pa, rum, pum, pum, pum.
Bb                   F
Rum, pum, pum, pum, rum, pum, pum, pum.
```

Verse 3

```
         Bb                Eb            Bb
Then He smiled on me, pa, rum, pum, pum, pum.

                 Eb            Bb
Mary nodded, pa, rum, pum, pum, pum.

                           Eb            Bb
The ox and lamb kept time, pa, rum, pum, pum, pum.

   F
   I played my drum for Him, pa, rum, pum, pum, pum.

         Bb            Eb
I played my best for Him, pa, rum, pum, pum, pum,

Bb                 F
Rum, pum, pum, pum, rum, pum, pum, pum,

              Bb    F          Bb
Me and my drum.    Me and my drum.

F          Bb
   Me and my drum.
```

Little Saint Nick

Words and Music by
Brian Wilson and Mike Love

Ooh.   Mer - ry Christ- mas,   Saint Nick.

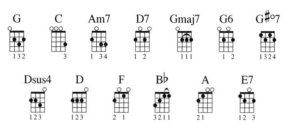

Intro

| G   C   G   C | G   C   G   C |

Am7
Ooh.

D7   **G**
Merry Christmas, Saint Nick.
          (Christmas comes this time each year.)

Am7   D7
Ooh.

Verse 1

　　　　Am7   D7   **Am7   D7**
Well, way up north where the air gets cold,

　　　G   Gmaj7   **G6   G#°7**
There's a tale about Christmas that you've all been told.

　　　Am7   D7   **Am7   D7**
And a real famous cat all dressed up in red,

　　　G   Gmaj7   G6
And he spends his whole year workin' out on his sled.

Chorus 1

　　　　　　C
It's the little Saint Nick. (Little Saint Nick.)

　　　　Am7   **Dsus4 D**
It's the little Saint Nick. (Little Saint Nick.)

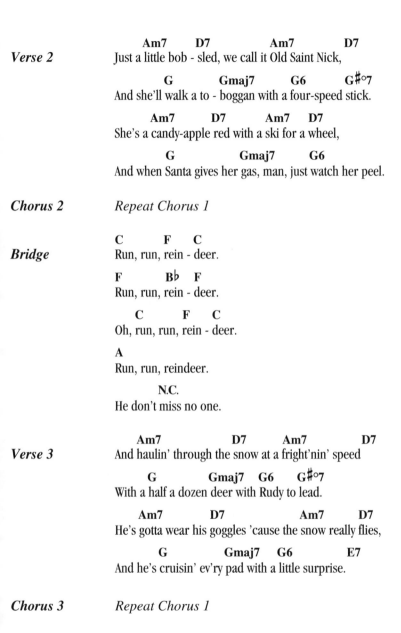

Verse 2

   Am7 D7   Am7   D7
Just a little bob - sled, we call it Old Saint Nick,

    G   Gmaj7 G6 G♯°7
And she'll walk a to - boggan with a four-speed stick.

    Am7   D7   Am7 D7
She's a candy-apple red with a ski for a wheel,

    G   Gmaj7 G6
And when Santa gives her gas, man, just watch her peel.

Chorus 2   *Repeat Chorus 1*

Bridge

  C F C
Run, run, rein - deer.

  F   B♭ F
Run, run, rein - deer.

   C   F   C
Oh, run, run, rein - deer.

  A
Run, run, reindeer.

     N.C.
He don't miss no one.

Verse 3

   Am7   D7   Am7   D7
And haulin' through the snow at a fright'nin' speed

    G   Gmaj7 G6 G♯°7
With a half a dozen deer with Rudy to lead.

    Am7   D7   Am7   D7
He's gotta wear his goggles 'cause the snow really flies,

    G   Gmaj7 G6   E7
And he's cruisin' ev'ry pad with a little surprise.

Chorus 3   *Repeat Chorus 1*

A Marshmallow World

Words by Carl Sigman
Music by Peter De Rose

It's a marsh-mal-low world in the win-ter...

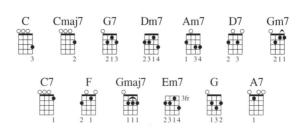

Verse 1

     C   **Cmaj7** **C**
It's a marshmallow world in the winter

Cmaj7 **C**   **Cmaj7** **G7**
When the snow comes to cover the ground.

    Dm7 **G7**   **C**   **Am7**
It's the time for play, it's a whipped cream day,

 D7   **G7**
I wait for it the whole year round.

Verse 2

     C   **Cmaj7** **C**
Those are marshmallow clouds being friendly,

Cmaj7 C   **Cmaj7** **G7**
In the arms of the evergreen trees.

    Dm7 **G7**   **C**   **Am7**
And the sun is red like a pumpkin head,

  D7   **G7**   **C**
It's shining so your nose won't freeze.

Bridge

Gm7   C7   F   Dm7
The world is your snowball; see how it grows.

Gm7   C7   F
That's how it goes, when - ever it snows.

Am7   D7   Gmaj7   Em7
The world is your snowball: just for a song,

Am7 D7   G G7
Get out and roll it a - long.

Verse 3

C   Cmaj7   C
It's a yum-yummy world made for sweethearts,

Cmaj7 C   Cmaj7 G7
Take a walk with your favorite girl.

Dm7 G7   C   A7
It's a sugar date, what if spring is late?

D7   G7   C
In winter it's a marshmallow world.

Merry Christmas, Darling

Words and Music by
Richard Carpenter and Frank Pooler

Melody:

Greet-ing cards   have   all   been   sent,...

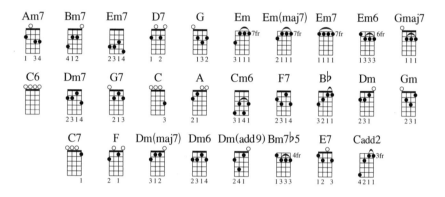

Am7   Bm7   Em7   D7   G   Em   Em(maj7)   Em7   Em6   Gmaj7

C6   Dm7   G7   C   A   Cm6   F7   Bb   Dm   Gm

C7   F   Dm(maj7)   Dm6   Dm(add9)   Bm7b5   E7   Cadd2

Intro

      Am7   **Bm7**   **Em7**
      Greeting cards have all been sent,

      Am7   **D7**   **G**
      The Christmas rush is through,

      Em   **Em(maj7)** **Em7**   **Em6**
      But I still have one   wish to make,

      Am7   **D7**
      A special one for you.

Verse 1

> Gmaj7   C6
>   Merry Christmas, darling,

> Gmaj7   Dm7 G7
>   We're apart, that's true;

>   C   D7   Bm7   Em7
> But I can dream and in my dreams,

>   Am7   Bm7   Am7 D7
> I'm Christmas - ing with you.

> Gmaj7   C6
> Holidays are joyful,

> Gmaj7   Dm7 G7
>   There's always something new.

>   C   D7   Bm7   Em7
> But ev'ry day's a holiday

> A   Cm6 F7
>   When I'm near to you.

Bridge 1

>   Bb   C
> The lights on my tree

> Am7   Dm
> I wish you could see,

> Gm   C7 F
>   I wish it ev'ry day.

>   Dm   Dm(maj7)
> The logs on the fire

> Dm7   Dm6
> Fill me with de - sire

> G   Am7 Bm7 Am7
>   To see you and to say

Verse 2	D7 Gmaj7 C6
	That I wish you a merry Christmas,

Gmaj7   Dm(add9)   G7
  Happy New Year too.

   C   D7   Bm7   Em7
I've just one wish on this Christmas Eve;

Am7   D7   G   F7
  I wish I were with you.

Bridge 2   *Repeat Bridge 1*

Verse 3
D7 Gmaj7   C6
That I wish you a merry Christmas,

Gmaj7   Dm(add9)   G7
  Happy New Year too.

   C   D7   Bm7   Em7
I've just one wish on this Christmas Eve;

Am7   D7   G   F7
  I wish I were with you.

Am7   D7   G   Cadd2 Gmaj7
  I wish I were with you.

The Most Wonderful Day of the Year

Music and Lyrics by
Johnny Marks

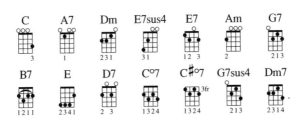

Intro |C |A7 |Dm |E7sus4 E7 |

Prelude

Am   Dm
We're on the island of Misfit Toys,

G7   C E7sus4 E7
Here we don't want to stay.

Am   Dm
We want to travel with Santa Claus

B7   E   G7
In his magic sleigh.

Verse 1

C   A7   Dm   G7
A packful of toys means a sackful of joys

C   A7   D7   G7
For millions of girls and for millions of boys,

C   C°7   C   C#°7
When Christmas day is here,

G7   C G7sus4
The most wonderful day of the year!

Verse 2

```
G7  C          A7           Dm        G7
A    Jack-in-the-box waits for children to shout,

        C              A7          D7        G7
"Wake up, don't you know that it's time to come out!"

        C        C°7   C   C#°7
When Christmas Day is here,

            G7                    C
The most wonderful day of the year!
```

Bridge 1

```
G7                      C
Toys galore scattered on the floor.

            D7
There's no room for more

            G7     C#°7   Dm7  G7
And it's all be - cause of Santa  Claus!
```

Verse 3

```
        C        A7        Dm       G7
A scooter for Jimmy, a dolly for Sue,

      C            A7        D7         G7
The kind that will even say, "How do ya do!"

        C           C°7   C   C#°7
When Christmas Day is here,

            G7                    C     G7
The most wonderful day of the year.
```

Verse 4

    Repeat Verse 1

Verse 5

G7 C   A7   Dm   G7
It   won't seem like Christmas 'till dad gets his tie,

        C   A7   D7   G7
"It's just what I wanted" is his yearly cry!

        C   C°7 C C♯°7
When Christmas Day is here,

        G7   C
The most wonderful day of the year!

Bridge 2

G7   C
Spirits gay, ev'ry - one will say,

      D7   G7 C♯°7
"Happy holiday and the best to you

   Dm7   G7
The whole year through."

Verse 6

   C   A7   Dm   G7
An electric train hidden high on a shelf

      C   A7   D7   G7
That Daddy gives David but then runs him - self.

       C   C°7 C C♯°7
When Christmas Day is here,

    G7   C   A7
The most wonderful, wonderful, wonderful, wonderful,

D7   Dm7 G7   C
Wonderful day   of the year.

The Most Wonderful Time of the Year

Words and Music by
Eddie Pola and George Wyle

It's   the   most   won - der - ful

Intro | A | E7 | A | | |

Verse 1

          A   **Bm7 E7**   **A**
It's the most wonderful time ___ of the year,

        Bm7   **E7**
With the kids jingle - belling

     C#m7   **F#m7**
And ev'ryone telling you,

   Bm7   **D**
"Be of good cheer."

   D#°7   **A**   **E9**
It's the most wonderful time

      A F#m7 Bm7 E7
Of the year.

UKULELE CHORD SONGBOOK

Verse 2

         A   Bm7 E7   A
It's the hap-happiest sea - son of all,

         Bm7   E7
With those holiday greetings

      C#m7   F#m7
And gay happy meetings,

      Bm7   D
When friends come to call.

D#°7   C#m7   F#m7
It's the hap - happiest

Bm7 E7   Em7
Sea - son of all.

Bridge

   A7   D   Bm7
There'll be parties for hosting,

      C#m7   F#m7
Marsh - mallows for toasting

    Bm7 E7   A
And caroling out in the snow.

        Dm7   G7
There'll be scary ghost stories

     Cmaj7   Fmaj7
And tales of the glories

    Dm7   Bm7♭5   Bm7 E7
Of Christmases long, long a - go.

Verse 3

         A   Bm7 E7   A
It's the most wonderful time ___ of the year.

      Bm7   E7
There'll be much mistle - toeing

     C#m7   F#m7
And hearts will be glowing

     Bm7   D
When loved ones are near.

D#°7   A   Bm7
It's the most wonderful time,

E7   A   Bm7
The most wonderful time,

E7   A   Bm7 E7   A
It's the most wonderful time of the year.

My Favorite Things
from THE SOUND OF MUSIC

Lyrics by Oscar Hammerstein II
Music by Richard Rodgers

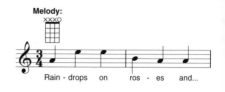

Melody:

Rain - drops   on   ros - es   and...

Am   F   Dm   G   C   E7   D7

Verse 1

Am
Raindrops on roses and whiskers on kittens,

F
Bright copper kettles and warm woolen mittens,

Dm   **G**   **C**   **F**
Brown paper packages tied up with strings,

C   **F**   **Dm**   **E7**
These are a few of my favorite things.

Verse 2

Am
Cream-colored ponies and crisp apple strudels,

F
Doorbells and sleigh bells and schnitzel with noodles,

Dm   **G**   **C**   **F**
Wild geese that fly with the moon on their wings,

C   **F**   **Dm**   **E7**
These are a few of my favorite things.

Outro

Am   **E7**
  When the dog bites,   when the bee stings,

Am   **F**
  When I'm feeling sad,

              D7
I simply remember my favorite things

     C   **F G C**   **F   C**
And then I don't feel so bad.

Nuttin' for Christmas

Words and Music by
Sid Tepper and Roy C. Bennett

I broke my bat on John-ny's head;

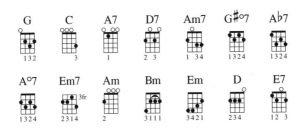

G   C   A7   D7   Am7   G#°7   A♭7

A°7   Em7   Am   Bm   Em   D   E7

Verse 1

     G   C   G
I broke my bat on Johnny's head;

A7   D7   G   D7
Somebody snitched on me.

     G   C   G
I hid a frog in sister's bed;

A7   D7   G   Am7
Somebody snitched on me.

     G   G#°7 Am7   A♭7
I spilled some ink on Mommy's rug,

Am7 A°7   G   Em7
I made Tommy eat a bug,

C   G   Am Am7
Bought some gum with a penny slug;

D7   G
Somebody snitched on me.

Chorus 1

D7 G   Bm   Em   Em7
Oh, I'm gettin' nuttin' for Christmas.

Am   Am7   D7
Mommy and Daddy are mad.

G   Bm   Em   Em7
I'm gettin' nuttin' for Christmas,

      Am7   D7   G   Am7 D7
'Cause I ain't been nuttin' but bad.

Verse 2

G   C   G
I put a tack on teacher's chair;

A7   D7   G   D7
Somebody snitched on me.

G   C   G
I tied a knot in Susie's hair;

A7   D7   G   Am7
Somebody snitched on me.

G G#°7 Am7   Ab7
I did a dance on Mommy's plants,

Am7   A°7   G   Em7
Climbed a tree and tore my pants,

C   G   Am   Am7
Filled the sugar bowl with ants;

D7   G
Somebody snitched on me.

Chorus 2   *Repeat Chorus 1*

Verse 3

```
     G            C    G
I won't be seeing Santa Claus;

A7       D7         G    D7
Somebody snitched on me.

   G             C    G
He won't come visit me be - cause

A7       D7         G    Am7
Somebody snitched on me.

G        G#°7 Am7 Ab7
Next year I'll be going straight,

Am7     A°7  G        Em7
Next year I'll be good, just wait,

C     G       Am    Am7
I'd start now, but it's too late;

D7                 G
Somebody snitched on me.
```

Chorus 3

Repeat Chorus 1

Outro

```
       Am    D         G      E7
So you better be good, what - ever you do,

       Am7   D7    Bm    E7
'Cause if you're bad I'm warning you,

Am7    D7      G
You'll get nuttin' for Christmas.
```

The Night Before Christmas Song

Music by Johnny Marks
Lyrics adapted by Johnny Marks
from Clement Moore's Poem

Melody:

'Twas the night be-fore Christ-mas and...

C   Em   F   Dm   G7   C7   D7   Dm7

Verse 1

           C   **Em**   **F**   **C**
'Twas the night before Christmas and all through the house,

Dm   **C**   **G7** **C**
Not a creature was stirring, not even a mouse.

             Em   **F**   **C**
All the stockings were hung by the chimney with care,

Dm   **C**   **G7**   **C**
In the hope that Saint Nicholas soon would be there.

      F   **C**
Then what to my wondering eyes should appear,

Dm **G7**   **C**   **C7**
A miniature sleigh and eight tiny rein - deer,

 F   **C**
A little old driver so lively and quick,

D7   **Dm7**   **G7**
I knew in a moment it must be Saint Nick.

       C   **Em**   **F**   **C**
And more rapid than eagles his reindeer all came,

    Dm   **C**   **G7**   **C**
And he shouted, "On Dasher" and each reindeer's name.

Verse 2

       C   Em   F   C
And so up to the housetop the reindeer soon flew,

     Dm   C   G7   C
With the sleigh full of toys and Saint Nicholas too.

               Em   F   C
Down the chimney he came with a leap and a bound.

    Dm   C   G7   C
He was dressed all in fur and his belly was round.

 F   C
He spoke not a word but went straight to his work,

    Dm   G7   C   C7
And filled all the stockings, then turned with a jerk,

    F   C
And laying his finger a - side of his nose,

   D7   Dm7   G7
Then giving a nod, up the chimney he rose.

     C   Em   F   C
But I heard him ex - claim as he drove out of sight,

    Dm   C   G7   C
"Merry Christmas to all, and to all a good night!"

Old Toy Trains

Words and Music by
Roger Miller

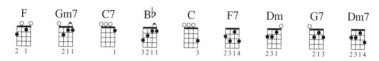

| F | Gm7 | C7 | B♭ | C | F7 | Dm | G7 | Dm7 |

Intro

| F   Gm7 | F   Gm7 | F   Gm7 |

Verse

     F   C7
    Old toy trains, little toy tracks,

         B♭   C
Little toy drums ____ comin' from a sack,

                 F   F7   B♭
Carried by a man dressed in white and red.

                 F   C7   F
Little boy, don't ____ you think it's time you were in bed?

Chorus

           C7   B♭
Close your eyes, listen to the skies.

  F   Dm   G7
    All is calm, all is well.

                  C
Soon you'll hear Kris Kringle

       Dm7 C7   F
And the jingle bell bringin' old toy trains,

             C   B♭   C
Little toy tracks, ____ little toy drums ____ comin from a sack,

           F   F7   B♭
Carried by a man dressed in a white and red.

                 F   C7   F
Little boy, don't ____ you think it's time you were in bed?

                        C7   F Gm7 F Gm7 F
Little boy, don't you think it's time you were in bed?

Santa Baby

By Joan Javits, Phil Springer
and Tony Springer

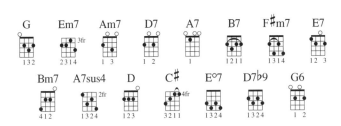

G	Em7	Am7	D7	A7	B7	F#m7	E7

Bm7	A7sus4	D	C#	E°7	D7♭9	G6

Intro   ‖: G   Em7 | Am7   D7   :‖

Verse 1

       G   Em7
     Santa Baby,

        A7   D7   G   Em7
   Just slip a sable under the tree ____ for me.

   A7   D7   G   Em7
    Been an awful good girl, ____ Santa Baby,

     Am7   D7   G Em7 Am7 D7
   So hurry down the chimney tonight.

Verse 2

       G   Em7
     Santa Baby,

    A7   D7   G   Em7
   A fifty-four con - vertible, too, ____ light blue.

   A7   D7   G   Em7
    I'll wait up for you, dear ____ Santa Baby,

     Am7   D7   G Em7 Am7 D7 G
   So hurry down the chimney tonight.

Bridge 1

B7   **F♯m7 B7**
Think of all the fun I've missed.

E7   **Bm7**   **E7**
Think of all the fellas that I haven't kissed.

A7   **A7sus4**   **A7**
Next year I could be just as good

  D **C♯**   **Am7**   **E°7 D7**
If you check off my Christ - mas list.

Verse 3

G   **Em7**
Santa Baby,

A7   **D7**   **G**   **Em7**
I want a yacht and really that's not ___ a lot.

A7   **D7**   **G**   **Em7**
Been an angel all year, ___ Santa Baby,

Am7   **D7**   **G Em7 Am7 D7**
So hurry down the chimney tonight.

Verse 4

G   **Em7**
Santa Baby,

  A7   **D7**   **G**
One little thing I really do need:

      Em7 A7 **D7**   **G**   **Em7**
The deed ___ to a platinum mine, ___ Santa honey,

Am7   **D7**   **G Em7 Am7 D7**
So hurry down the chimney tonight.

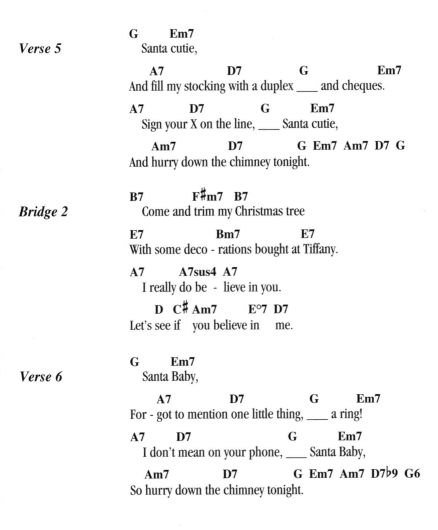

Verse 5

G   Em7
Santa cutie,

  A7   D7   G   Em7
And fill my stocking with a duplex ___ and cheques.

A7   D7   G   Em7
Sign your X on the line, ___ Santa cutie,

  Am7   D7   G Em7 Am7 D7 G
And hurry down the chimney tonight.

Bridge 2

B7   F#m7 B7
Come and trim my Christmas tree

E7   Bm7   E7
With some deco - rations bought at Tiffany.

A7   A7sus4 A7
I really do be - lieve in you.

  D C# Am7   E°7 D7
Let's see if   you believe in   me.

Verse 6

G   Em7
Santa Baby,

  A7   D7   G   Em7
For - got to mention one little thing, ___ a ring!

A7   D7   G   Em7
I don't mean on your phone, ___ Santa Baby,

  Am7   D7   G Em7 Am7 D7♭9 G6
So hurry down the chimney tonight.

Please Come Home for Christmas

Words and Music by
Charles Brown and Gene Redd

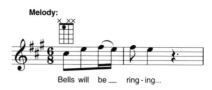

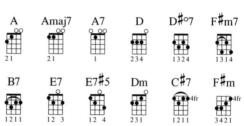

Bells will be __ ring - ing...

A   Amaj7   A7   D   D#°7   F#m7

B7   E7   E7#5   Dm   C#7   F#m

Verse 1

          A   **Amaj7**   **A7**
Bells will be ringing   the sad, sad __ news,

          D   **D#°7**
Oh, what a Christmas to have the blues!

         A   **D**   **A**   **Amaj7** **F#m7**
My baby's gone,   I have no friends

         B7   **E7**   **E7#5**
To wish me greetings once a - gain.

Verse 2

          A   **Amaj7** **A7**
Choirs will be singing,   "Silent __ Night,"

         D   **D#°7**
Christmas carols by candle - light.

               A
Please come home for Christmas,

D   **A**   **Amaj7** **F#m7**
   Please come home for Christmas;

        B7   **E7**   **A**   **A7**
If not for Christmas,   by New Year's night.

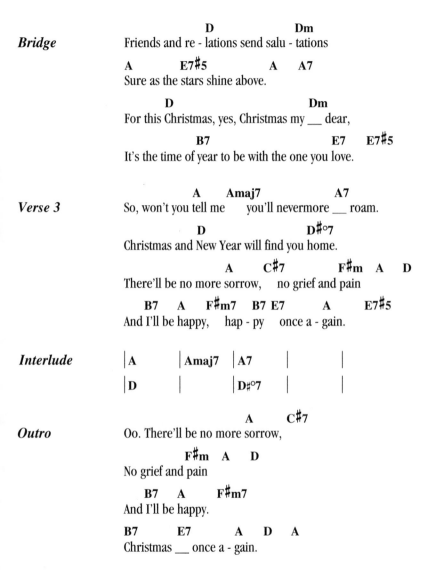

Bridge

          D   Dm
Friends and re - lations send salu - tations

A   E7$\sharp$5   A   A7
Sure as the stars shine above.

          D   Dm
For this Christmas, yes, Christmas my __ dear,

        B7   E7   E7$\sharp$5
It's the time of year to be with the one you love.

Verse 3

        A   Amaj7   A7
So, won't you tell me   you'll nevermore __ roam.

        D   D$\sharp$°7
Christmas and New Year will find you home.

        A   C$\sharp$7   F$\sharp$m A   D
There'll be no more sorrow,   no grief and pain

B7   A   F$\sharp$m7 B7 E7   A   E7$\sharp$5
And I'll be happy,   hap - py   once a - gain.

Interlude

| A | Amaj7 | A7 | | |

| D | | D$\sharp$°7 | | |

Outro

         A   C$\sharp$7
Oo. There'll be no more sorrow,

       F$\sharp$m A   D
No grief and pain

B7   A   F$\sharp$m7
And I'll be happy.

B7   E7   A   D   A
Christmas __ once a - gain.

Pretty Paper

Words and Music by
Willie Nelson

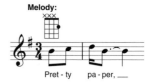

Pret - ty   pa - per, ___

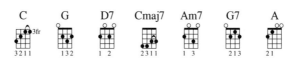

C	G	D7	Cmaj7	Am7	G7	A

Intro

   C   G   D7   C Cmaj7 Am7 G
(Oh, pretty paper, pretty ribbons of blue.)

Chorus 1

       G   D7
Pretty paper, pretty ribbons of blue.

                               G
Wrap your presents to your darling from you.

              G7   C
Pretty pencils to write, "I love you."

       G   D7   C Cmaj7 Am7 G
Pretty paper, pretty ribbons of blue.

        G   D7   G
Crowded streets, busy feet hustle by him.

            D7   G
Downtown shoppers, Christmas is nigh.

         G7   C
There he sits all a - lone on the sidewalk,

A   D7
Hoping that you won't pass him by.

       G   D7   G
Should you stop; better not, much too busy.

        D7   G
You're in a hurry, my how time does fly.

       G7   C
In the distance the ringing of laughter,

       G   D7   G
And in the midst of the laughter he cries.

      G   D7
Pretty paper, pretty ribbons of blue.

                     G
Wrap your presents to your darling from you.

       G7   C
Pretty pencils to write, "I love you."

     G   D7   G
Pretty paper, pretty ribbons of blue.

Rockin' Around the Christmas Tree

Music and Lyrics by
Johnny Marks

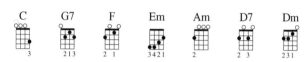

Verse 1

    C
Rockin' around the Christmas tree

      G7
At the Christmas party hop.

Mistletoe hung where you can see,

      C
Ev'ry couple tries to stop.

Rockin' around the Christmas tree,

    G7
Let the Christmas spirit ring.

Later we'll have some pumpkin pie

      C
And we'll do some carol - ing.

Bridge 1

F   **Em**
You will get a sentimental feeling when you hear

Am
Voices singing "Let's be jolly,

D7   **G7**
Deck the halls with boughs of holly!"

Verse 2	**C** Rockin' around the Christmas tree,
	G7 Have a happy holiday.
	Ev'ryone dancing merrily
	C In the new old-fashioned way.
Verse 3	*Repeat Verse 1*
Bridge 2	*Repeat Bridge 1*
Verse 4	**C** Rockin' around the Christmas tree,
	G7 Have a happy holiday.
	Ev'ryone dancing merrily
	Dm **G7 C** In the new old-fash - ioned way.

Rudolph the Red-Nosed Reindeer

Music and Lyrics by
Johnny Marks

Melody:

You know Dash-er   and Danc-er   and Pranc-er   and Vix-en,...

Dm   Em   F   C   Am   D7   G7   C7   G

Intro

               Dm   **Em**   **F**   **C**
You know Dasher and Dancer and Prancer and Vixen,

Dm   **Em**   **F**   **C**
Comet and Cupid and Donner and Blitzen,

Am
But do you recall

        D7   **G**
The most famous reindeer of all?

Verse 1

C
Rudolph, the red-nosed reindeer

       G7
Had a very shiny nose,

And, if you ever saw it,

          C
You would even say it glows.

All of the other reindeer

          G7
Used to laugh and call him names,

They never let poor Rudolph

        C
Join in any reindeer games.

Bridge 1

F   C
Then one foggy Christmas Eve

G7   C
Santa came to say,

 G
"Rudolph, with your nose so bright,

Am D7 G7
Won't you guide my sleigh tonight?"

Verse 2

C
Then how the reindeer loved him

       G
As they shouted out with glee:

"Rudolph, the red-nosed reindeer,

      C
You'll go down in histo - ry!"

Verse 3   *Repeat Verse 1*

Bridge 2   *Repeat Bridge 1*

Verse 4

C
Then how the reindeer loved him

       G
As they shouted out with glee:

"Rudolph, the red-nosed reindeer,

      C
You'll go down in histo - ry!"

Santa, Bring My Baby Back (To Me)

Words and Music by
Claude DeMetruis and Aaron Schroeder

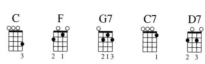

Verse 1

         C
Don't need a lot of presents

    F   **C**
To make my Christmas bright.

F
I just need my baby's arms

C
Wound around me tight.

           G7
Oh, Santa, ___ hear my plea.

F   **G7**   **C**
Santa, bring my baby back to me.

Verse 2

         C
The Christmas tree is ready,

    F   **C**
The candles all a-glow,

    F
But with my baby far away

    C
What good is mistletoe?

    G7
Oh, Santa, ___ hear my plea.

F   **G7**   **C**   **C7**
Santa, bring my baby back to me.

Bridge

      F
Please make those reindeer hurry;

     C
The time is drawin' near.

 D7
It sure won't seem like Christmas

   G7 N.C.
Un - less my baby's here.

Outro

      C
Don't fill my socks with candy,

  F   **C**
No bright and shiny toy.

   F
You wanna make me happy

   C
And fill my heart with joy,

      G7
Then, Santa, __ hear my plea.

F   **G7**   **C**   **F**   **C**
Santa, bring my baby back to me.

Santa Claus Is Comin' to Town

Words by Haven Gillespie
Music by J. Fred Coots

Melody:

You bet-ter watch out, you bet-ter not cry.

G   Em   Am   D7   A9   C   E♭6   D

Dm   A7   A   F#m7   Bm7   C7   G6

Intro
|G Em |Am D7 |G Em |A9 D7 |

Verse 1

        G   C   E♭6
You better watch out, you better not cry,

G   C   E♭6
Better not pout, I'm telling you why.

G   Em   Am   D7   G Em A9 D7
Santa Claus is comin' ____ to town.

Verse 2

        G   C   E♭6
He's making a list and checking it twice,

G   C   E♭6
Gonna find out who's naughty and nice.

G   Em   Am   D7   G D G
Santa Claus is comin' ____ to town.

Bridge 1

      Dm   G   C   Am
He sees you when you're sleeping.

      Dm   G   C   A7
He knows when you're a - wake.

      Em   A   F#m Bm7
He knows if you've been bad or good,

        Em N.C. A   D
So be good for   goodness sake.

Verse 3

             G   C   Eb6
Oh, you better watch out, you better not cry,
G   C   Eb6
Better not pout, I'm telling you why.
G   Em   Am   D7   G Em A9 D7
Santa Claus is comin' ___ to town.

Verse 4

             G   C   Eb6
With little tin horns and little toy drums,
G   C   Eb6
Rooty toot toots and rummy tum tums.
G   Em   Am   D7   G Em A9 D7
Santa Claus is comin' ___ to town.

Verse 5

G   C   Eb6
Curly head dolls that cuddle and coo,
G   C   Eb6
Elephants, boats and kiddie cars, too.
G   Em   Am   D7   G C7 G
Santa Claus is comin' ___ to town.

Bridge 2

      Dm   G   C   Am
The kids in Girl-and-Boyland
      Dm   G   C
Will have a jubi - lee.
A7   Em   A   F#m   Bm7
They're gonna build a Toyland town
      Em   N.C. A   N.C. D
All a - round the   Christ - mas tree.

Outro-Verse

             G   C   Eb6
Oh, you better watch out, you better not cry,
G   C   Eb6
Better not pout, I'm telling you why.
G   Em   Am   D7
Santa Claus is comin',
G   Em   Am   D7
Santa Claus is comin',
G   Em   Am   D7   G C Eb6
Santa Claus is comin' ___ to town.
G N.C.   G6
   He's comin' to town.

Silver and Gold

Music and Lyrics by
Johnny Marks

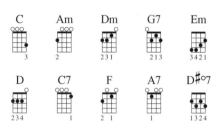

Verse 1

 C   Am Dm   G7
Silver and gold, silver and gold,

 C   Am   Dm   G7
Ev'ryone wishes for silver and gold,

 C   Em   Am
How do you measure its worth?

 D   G7
Just by the pleasure it gives here on earth?

 C   Am Dm   G7
Silver and gold, silver and gold,

 C   C7   F   A7
Mean so much more when I see

 Dm   D♯o7   C
Silver and gold deco - rations

   G7 Dm   G7 C
On ev'ry Christ - mas tree.

Verse 2   *Repeat Verse 1*

That Christmas Feeling

Words and Music by
Bennie Benjamin and George David Weiss

Melody:

How   I   love that Christ-mas

Bbmaj7 Gm7 Gb7 Cm7 F7b9 Bb Bbo7 Fsus4 F

B9 Eb F#o7 C7 Gm C F7 Fm7 Bb7

Bo7 Ebmaj7 A7 G7 C9 C7#5 Cm Bb6

Intro | Bbmaj7 | | Gm7 Gb7 | Cm7 F7b9 |

Verse

Bb Bbo7 Bb   Cm7 Fsus4 F
How I   love that Christmas feeling.

Cm7   B9   Bbmaj7
How I treasure its friendly glow.

Eb Cm7   F   F#o7 Gm7
See _____ the way a stranger greets you,

          C7   Gm
Just as though you'd met him

C   Gm7 Cm7 F7
Christmas - es a - go.

Chorus

Fm7   Bb7 Bo7 Ebmaj7
Christmas helps you to re - mem - ber

    Gm7   C7   Cm7 F7
To do what other folks hold dear.

Bb Bbo7 Bb   A7
What a   blessed place

      Bb   G7
The world would be

      C9   C7   C7#5
If we had that Christ - mas

F7   Bb Bbmaj7 Cm F7b9 Bb6
Feeling all year.

Silver Bells

**from the Paramount Picture
THE LEMON DROP KID**

Words and Music by
Jay Livingston and Ray Evans

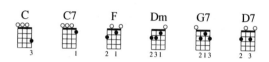

Cit - y   side - walks, bus - y   side - walks,...

| C | C7 | F | Dm | G7 | D7 |

Verse 1

      C   **C7**
City sidewalks, busy sidewalks,

       F   **Dm**
Dressed in holiday style;

   G7   **C**   **G7**
In the air there's a feeling of Christmas.

       C   **C7**
Children laughing, people passing,

      F   **D7**
Meeting smile after smile,

   G7   **C**
And on ev'ry street corner you hear:

Chorus 1

C
Silver bells. (Silver bells.)

F
Silver bells. (Silver bells.)

G7   C   G7
It's Christmastime in the city.

C
Ring-a-ling. (Ring-a-ling.)

F
Hear them ring. (Hear them ring.)

G7   C   G7
Soon it will be Christmas day.

Verse 2

         C   C7
Strings of street lights, even stoplights

       F   Dm
Blink a bright red and green

       G7   C   G7
As the shoppers rush home with their treasures.

        C   C7
Hear the snow crunch, see the kids bunch,

       F   Dm
This is Santa's big scene,

       G7   C
And a - bove all this bustle you hear:

Chorus 2   *Repeat Chorus 1*

Sleigh Ride

Music by Leroy Anderson
Words by Mitchell Parish

Melody:

Just hear those sleigh bells jin - gl - ing,

G   Am7   D7   B♭   C#m7   F#7   B   Bm7   E7   A

Intro
|G |Am7 D7 |G |

Verse 1

G N.C.   G
   Just hear those sleigh bells jingling,

Am7   D7   G
Ring-ting-tingling, too.

Am7   D7   G
Come on, it's lovely weather

  Am7   D7   G
For a sleigh ride to - gether with you.

B♭   D7   G
Out - side the snow is falling

  Am7   D7   G
And friends are calling "Yoo hoo."

Am7   D7   G
Come on, it's lovely weather

  Am7   D7   G
For a sleigh ride to - gether with you.

	C#m7			F#7

Bridge

        C♯m7   F♯7
Giddy yap, giddy yap, giddy yap, let's go.

    B
Let's look at the show.

    C♯m7   F♯7   B
We're riding in a wonder - land of snow.

     Bm7   E7
Giddy yap, giddy yap, giddy yap, it's grand,

    A
Just holding your hand.

 Am7   D7   Am7 D7
We're gliding along with a song of a wintery fairy - land.

Verse 2

                  G   Am7 D7   G
Our cheeks are nice and rosy, and comfy cozy are we.

 Am7   D7   G   Am7   D7   G
We're snuggled up together like two birds of a feather would be.

 B♭   D7   G   Am7 D7   G
Let's take that road before us and sing a chorus or two.

 Am7   D7   G
Come on, it's lovely weather

    Am7   D7   G
For a sleigh ride to - gether with you.

Snowfall

Lyrics by Ruth Thornhill
Music by Claude Thornhill

Melody:

Snow - fall, _____

D6   Dmaj7   Dm6   D7   A9   D9

1111   1113   2314   1112   2143   3214 2fr

Bm9   E7   A6   Ebm7   Ab9   Db6

2143 2fr   12 3   213   2314   1 32   1111

Intro

‖: D6 | :‖

Verse 1

Dmaj7 D6 Dmaj7 Dm6
Snowfall, ___ softly,

D   Dmaj7 D7 A9
Gently

Dmaj7   D9
Drift down.

Verse 2

Dmaj7   D6 Dmaj7 Dm6
Snowflakes ___ whisper

D   Dmaj7 D7 A9
'Neath my

Dmaj7 D9
Window.

Bridge

Bm9 E7   A6
Cov - 'ring trees

E♭m7 A♭9 D♭6
Mist   -   y white.

Bm9 E7   A6
Vel - vet breeze

E♭m7 A♭9 D♭6   A9
'Round   my door - step.

Outro

Dmaj7 D6 Dmaj7 Dm6
Gently, ____ softly,

D   Dmaj7 D7 A9
Silent

Dmaj7 D6 A9 D6
Snowfall!

The Star Carol

Lyric by Wihla Hutson
Music by Alfred Burt

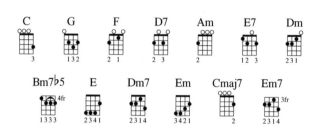

Verse 1

    C   G C   F   D7 G
Long years a - go on a deep win - ter night,

Am   E7 Am   Dm Bm7♭5 E
High in the heav'ns a star shone bright,

Dm7   Em Dm7 Em Dm Em Cmaj7 F Em7
While in a   man - ger a   wee In - fant lay,

F   Em Dm7   C F C
Sweetly a - sleep on a bed of hay.

Verse 2

```
    C       G  C          F    D7 G
Jesus, the Lord, was that Baby so  small,

    Am      E7 Am      Dm   Bm7b5 E
Laid down to  sleep in a hum - ble      stall;

    Dm7     Em Dm7 Em Dm Em  Cmaj7 F    Em7
Then came the  star and it    stood o - ver - head,

    F       Em Dm7        C   F  C
Shedding its   light 'round His lit - tle bed.
```

Verse 3

```
    C       G   C      F   D7   G
Dear B a - by Jesus, how tiny Thou art,

    Am     E7 Am        Dm Bm7b5 E
I'll make a   place for Thee in    my     heart,

    Dm7     Em Dm7 Em Dm Em   Cmaj7 F Em7
And when the  stars in   the  heav - ens  I  see,

    F   Em Dm7       C   F  C
Ever and  always I'll think of  Thee.
```

Suzy Snowflake

Words and Music by
Sid Tepper and Roy Bennett

Here comes Su - zy Snow-flake,...

C   C#°7   Dm   G7   Am7   F   D7

Verse 1

   C   **C#°7**
Here comes Suzy Snowflake,

Dm   **G7**
Dressed in a snow white gown,

Dm   **G7**   **C**   **Am7**
Tap, tap, tappin' at your window pane

  Dm   **G7**
To tell you she's in town.

Verse 2

   C   **C#°7**
Here comes Suzy Snowflake,

Dm   **G7**
Soon you will hear her say:

Dm   **G7**   **C**   **Am7**
"Come out ev'ryone and play with me;

  Dm   **G7**   **C**
I haven't long to stay.

Bridge 1

F
If you wanna make a snowman,

C   G7   C
I'll help you make one, one, two, three.

F
If you wanna take a sleigh ride,

D7   G7
  The ride's on me."

Verse 3

C   C#°7
Here comes Suzy Snowflake,

Dm   G7
Look at her tumblin' down,

Dm   G7   C
Bringing joy to ev'ry girl and boy;

Dm G7   C
Suzy's come to town.

Bridge 2   *Repeat Bridge 1*

Verse 4   *Repeat Verse 3*

This Christmas

Words and Music by
Donny Hathaway and Nadine McKinnor

Bbmaj7 Ebmaj7 Am Dm Abmaj9 F Fmaj7 Dm9 Ebmaj9

Dm7 C13sus4 Am7 D9 Gm7 C7sus4 B7b5 Eb9 Bm7b5

Intro |Bbmaj7 Ebmaj7 Am Dm Abmaj9 Bbmaj7 Ebmaj7 F | |

                Fmaj7
Verse 1   Hang all the mistletoe.

                Dm9   **Ebmaj9**
                I'm gonna get to know you better

                Ebmaj7 Dm7   C13sus4
                This   Christ - mas.

                Fmaj7
                And as we trimmed the tree,

                Dm9   **Ebmaj9**
                How much fun it's gonna be to - gether

                Ebmaj7 Dm7   C13sus4
                This   Christ - mas.

                    Am7   **D9**
Chorus 1   The fireside is blazing bright.

                    Gm7   **C7sus4**
                We're carolin' through the night

                       F   **B7b5 Bbmaj7**
                And this Christmas   will be

                    Eb9   **Am7**   **Dm7 Bm7b5 B7b5**
                A very special Christmas   for me.

Interlude 1 | B♭maj7 E♭maj7 Am Dm A♭maj9 B♭maj7 E♭maj7 F | |
           | B♭maj7 E♭maj7 Am Dm A♭maj9 B♭maj7 E♭maj7 F | |

Fmaj7
Verse 2   Presents and cards are here.

Dm9   **E♭maj9**
My world is filled with cheer and you

E♭maj7 Dm7   C13sus4
This   Christ - mas.

Fmaj7   **Dm9**
And as I look around, your eyes outshine the town;

      E♭maj9 E♭maj7 Dm7   C13sus4
They do,   this   Christ - mas.

Chorus 2   *Repeat Chorus 1*

Interlude 2 *Repeat Interlude 1*

Verse 3   *Repeat Verse 1*

Chorus 3   *Repeat Chorus 1*

Outro | B♭maj7 E♭maj7 Am Dm A♭maj9 B♭maj7 E♭maj7 F |
                    B♭maj7 E♭maj7 Am Dm A♭maj9 B♭maj7 E♭maj7 F
Merry Christmas.

Shake your hand,
                    B♭maj7 E♭maj7 Am Dm A♭maj9 B♭maj7 E♭maj7 F
Shake your hand now.

Wish your brother
                    B♭maj7 E♭maj7 Am Dm A♭maj9 B♭maj7 E♭maj7 F
Merry Christmas
                    B♭maj7 E♭maj7 Am Dm A♭maj9 B♭maj7 E♭maj7 F
All over the land, _____ now.

Winter Wonderland

Words by Dick Smith
Music by Felix Bernard

Melody:

Sleigh bells ring, ____ are you lis-t'nin'?

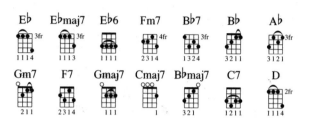

Eb   Ebmaj7   Eb6   Fm7   Bb7   Bb   Ab

Gm7   F7   Gmaj7   Cmaj7   Bbmaj7   C7   D

Intro

| Eb   Ebmaj7 | Eb6   Ebmaj7 |

Verse 1

Eb6 N.C.   Eb   Ebmaj7   Eb6
    Sleigh bells ring,   are you list'nin'?

Ebmaj7   Fm7   Bb7   Fm7   Bb7
   In the lane   snow is glist'nin'.

  Bb   Ab   Gm7   Fm7
A beautiful sight, ____ we're happy tonight,

   F7   Bb7   Eb
Walk - in' in a winter wonder - land.

Verse 2

Fm7   E♭   E♭maj7 E♭6
Gone a - way   is the bluebird,

E♭maj7 Fm7 B♭7   Fm7   B♭7
 Here to stay   is the new bird.

  Bb   Ab   Gm7   Fm7
He sings a love song ____ as we go along

   F7   B♭7   E♭
Walk - in' in a win - ter wonder - land.

Bridge

Gmaj7   Cmaj7   Gmaj7   Cmaj7
In the meadow we can build a snowman

Gmaj7   Cmaj7   Gmaj7
And pretend that he is Parson Brown.

B♭maj7   E♭maj7   B♭maj7
He'll say, "Are you married?" We'll say, "No man!

  Gm7   F7   Fm7
But you can do the job when you're in town!"

Outro-Verse

     E♭ E♭maj7   E♭6
Later on ____ we'll con - spire,

E♭maj7 Fm7 B♭7   Fm7 B♭7
 As we dream   by the fire,

  Bb   Ab   Gm7   Fm7
To face unafraid ____ the plans that we've made

  F7   B♭7   E♭ C7
Walk - in' in a win - ter wonder - land.

F7   B♭7   E♭ D E♭
Walk - in' in a winter wonder - land.

White Christmas

from the Motion Picture
Irving Berlin's HOLIDAY INN

Words and Music by
Irving Berlin

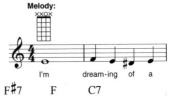

Cmaj7 Dm7 G7 C B F#7 F C7

Fm6 D9 Fm G°7 Dm7b5 G7b9 C6

Intro

‖: **Cmaj7** | **Dm7 G7** :‖

Verse 1

C Dm7   B C
I'm dreaming of a
Dm7 F#7   G7
White Christ - mas,
F   G7   C
Just like the ones I used to know,
Dm7 G7 C   Cmaj7 C7
Where the tree tops   glisten
    F   Fm6
And children listen
    C   F   C   D9   Dm7 G7
To hear sleigh bells in the snow.

Verse 2

C Dm7   B C
I'm dreaming of a
Dm7 F#7   G7
White Christ - mas
F   G7   C
With ev'ry Christmas card I write.
Dm7 G7   C   Cmaj7 C7
"May your days be   merry
    F   Fm
And bright,
        C G°7 Dm7   G7   C   Dm7b5 G7b9 C6
And may all your Christmas - es be white."